# SKER

## UFULDENDTE SERENADER

Et Kirkebysk begivenhedsbind

Kim Gørtz

MIX
Papir fra
ansvarlige kilder
Paper from
responsible sources
FSC® C105338



SKER

UFULDENDTE SERENADER

Et Kirkebysk begivenhedsbind

2025

SAGARO REC & PUB

ISBN: 978-87-7691-830-9

Forlag: BoD · Books on Demand, Strandvejen 100,

2900 Hellerup, bod@bod.dk

Tryk: Libri Plureos GmbH, Friedensallee 273, 22763

Hamborg, Tyskland

Bevidsthedens mulighed for at erfare omverdenen
er givet i dens tekstualitet som en uendelighed af
tematiske aflejringer.

Først aktualiseringen af denne tekstualitet gennem
dens møde med konteksten i sammensmeltningen
af krops-tanke og begivenhed *gør omverdenen
virkelig ved at give den mening*.


Ole Fogh Kirkeby

*Begivenhed og krops-tanke, s. 32-33, 1998*

# Den moderne bevidstheds vilkår

## Eksistensens centrum

Selvnødigheden, krops-tanken, translokutionariten; den dobbelte tekstualitet i forståelsens øjeblik, i begivenhedens *indtekst* og praktiske refleksivitet, som diafoniske nærtegn i en "kosmisk angst".

"Det epistemiske edderkoppekys" er som indvævet *katamnese*, i den evige nuhed, i *den i tegnet fangede flugt*; som i et "tavst savn", i det semantiske øjeblik, hvor kroppen taler i det episke nåleøje.

Øjeblikkets varighed er *frigivbar*, som den genealogiske forskel og dialogiske monolog; i *indtankens* lyskast og somatiske tekstualitet indtræder stilhedens åben-baring.

I den absolutte tilstedeværelse *indforlives synechologiens* monumentalitet i en lykkelig fortabthed, som et stumt monogram i det dobbelte rum; u-om-gribeligt – som begærets teknik.

I *indkendelsens* overrumplinger og "verdensøjeblikkets" selv-sensibiliseringer, i smÆrten – i længslens flænge, i øjeblikket som en passage; i det absolutte nulpunkt, hvorfra ordene strømmer ud, i drift.

Tonens stemthed i den andens anden; i berøringens og *anamnesens omvær*, i bevidsthedens geografi, i stormens øje, i "sommerdagens åndedrag".

Synet er ordene. Ordene er i begivenheden.
Begivenheden er ved krops-tanken. Krops-tanken
har intet museum.

Kirkeby, Begivenhed og krops-tanke, s. 319, 1998


Som et træ står jeg på bakken uden for byen med
åbnet brystkasse, lungebælgene fri; mit bankende
hjerte kan beskues i sit sårbare kød af enhver. I
dette stakkels hjerte banker jordens sorte blod,
mens mit eget røde er randt af ned i den selv
samme jord. Så vokser jeg blomst ved næste forår,
kornet gror mig, og blæsten bor i mine øjenhuler. ...
Kun ét punkt bliver tilbage i midten af pladsens
uendelighed.

Kirkeby, Begivenhed og krops-tanke, s. 321, 1998


Når vi tænker, hvisker sproget i os, og det er et
budskab om vores potentielle uendeligt givet-hen til
alt. Et ekko, der, såfremt det ikke kastes tilbage af
klippe, kastes tilbage af kød. Tanken vidner gennem
talens tale om døden. Men det sagte, det jeg siger,
bliver så let til *dødets* redskab. Her *er* alt, fordi *jeg*
taler *mig*, og taler mig til et *det*.

Kirkeby, Begivenhed og krops-tanke, s. 334, 1998


Muligheden for det etiske ligger da ét sted: i den
*kooperative mimesis*. I det at være rede til at lade
den andens *mig* træde i sit sted som et *sig*.

Kirkeby, Begivenhed og krops-tanke, s. 533, 1998

# Indhold

Gennem den *kooperative mimesis*, der er en
gentagelse, hvor jeg ikke blot gentager
meningen med ordene, men hvor denne
gentagelse netop dementerer sit *gen-*, kan den
andens virkelighed åbne sig for mig.

Denne åbnen sig er *begivenhed*.

Og det er, at begivenheden – så at sige –
fuldbyrdes som begivenhed.


Kirkeby

*Begivenhed og krops-tanke, s. 535, 1998*

## Verden er givet i sin betydning

*En tavs og usynlig tredie;* en nærværets filosofi, en stilhed, et mørke, en poetik, "en metafysisk firkant", en tomhed – *at bevare begrebet ved at vende det imod det, som det ikke selv kan begribe* – i det stumme brændpunkt, i den tomme tales *aldrig.*

I verdenssmertens væsen skaber en kritisk metafysik anstødssten til en stilhedens sprække; "ved-mig-blivende-bliver-sket", i anonymitetens og betydningernes liv, i forløsningens begivenhed, og *den stilhed, der sætter sætningerne fri* – i den andens fremmedhed – og henfald.

Den lyse og klare aften. Den frit formet og underholdende kærlighedssang. Som en forelsket bejler synges disse sange til en elsket læser: *Sker. Ufuldendte serenader. Et Kirkebysk begivenhedsbind.*

Det er helt Kirkebysk!

1. Den virkelighedsskabende krop
2. Den indre stemme; løftets kraft
3. Den anden; nærværets mildhed
4. Den levende død; et frodigt mørke
5. Erfaringens anonymitet; berørthed

# Ufuldendte serenader på vej

## *Sæson 2*

**Etos.** *Et Spinozask substansbind*

**Askese.** *Et Schopenhauersk forestillingsbind*

**Magt.** *Et Foucaultsk galskabsbind*

**Begær.** *Et Freudsk neurosebind*

**Selv.** *Et Laingsk spaltningsbind*

**Sundhed.** *Et Frommsk hjertebind*

**Skrift.** *Et Barthessk tegnbind*

## Tidligere udgivelser i sæson 2

**Frigørelse.** *Et Marcusesk erosbind*

**Singularitet.** *Et Reckwitzsk illusionsbind*

**Tidligere udgivelser**

*Sæson 1*

**Frifundet.** Et Kafkask procesbind

**Inderlig.** Et Kierkegaardsk eksistensbind

**Væsentlig.** Et Heideggersk værensbind

**Aura.** Et Benjaminsk passagebind

**Hellig.** Et Agambensk nøgenbind

**Immobil.** Et Sloterdijksk sfærebind

**Fremmed.** Et Rosask resonansbind

**Flugt.** Et Deleuzesk rhizombind

**Livsvilje.** Et Nietzschesk kraftbind

**Negativ.** Et Adornosk fortryllelsesbind

Etikkens mulighed er hos *denne tredie*, hvis
fravær er kraft.

Denne tredie, der giver vores egen indre
stemme til os selv ved altid at være parat til at
lytte med på *jeg-migs* kværn, og give den indre
stemme rum.

Men her bliver vi også uigenkaldeligt bundet
på det, den har sagt.


Kirkeby

*Begivenhed og krops-tanke, s. 536, 1998*

## Sansningens poetik; skabelsesmørket

Lydløst og køligt, et 'jeg kan', et skulpturelt spil, en
spillestil; ægthedens årvågne *tredie* – ordenes
vogter på løgnens betydningskanter – klarhedens
fantasme, tankens hud, selv-referencens sumpe.

"Tankeånden" som mulighed, som tankens spring, i
det mørke, hvor ærbødighedens undren og ansigt
bliver genkendelsens betydning; nærhedens kunnen
og meningernes spaltninger – *dyrets dødsskrig*.

I linseåbningernes gavmildhed; i *betydningsgivelsens
smærte*, i "en altid forgæves gestus" – at øjeblikket
er øjeblikket som et "intet-kan", på en åben plads,
hvis magiske myte er, at lade "verden tale sig".

*Habitus-raptus* – den magiske begivenhed, hvis
stemtheds midte er et brud, hvor den frygtelige
tavsheds centripetalitets, trans-dialogiske fjerde er
den anonyme tavsheds tale; i væsenets nat.

I den svævende centrums-længsel, i det tavse spejl, i
til-stedets rette øjeblik, på den tømte menings
plads; i rydningens glidning og klang – at rykkes hen
i stemthed, at være mistet – at være fundet.

I underets øjeblik, hvor mørkets tavshed ånder, i
den stumme kerne, hvor "sit sig" betyder; i
tomhedens blideste forskel, hvor selvet næres – i
malmstrømmenes ingenmandsland, bliver til, sker.

Vi skal føle den fuldkomne, indre stilhed, der
gør, at vi kan lytte uden et gran af foregribelse.


Kirkeby

*Selvnødighedens filosofi, s. 62, 1996*

# Stemthedernes betydningsintensitet

Når "indsigten sprænger tankens dør" ulmer et
utæmmet tilholdssted, hvor "det, der kun sker en
gang" pludseligt springer; i den unikke brathed, på
ærbødighedens forslugne hav, helt i det åbne gab.

I den kaldende stumhed forskydes tidens dråber,
hvis frugter tromler afsted med "det andet nu", på
den strålende bue *hvorfra ordet kommer og lægger
sig på vores tunge*, i livets strålende øjeblik; i *aldrig*.

Venskabets trofasthed, solidaritetens offervilje, de
frie hænders filosofi; et hjemsted for agtelsens
ethos og dialog-kultur, en kritisk loyalitet, hvis "evne
til at forme sig i det godes billede" forpligter os.

I den tænkendes åbenhed, på nomadens grænse, i
sensibilitetens varsomhed; at lade stedet beskytte
sig som den dynamiske samklang i samvittighedens
frirum – i ærlighedens verdensborgerskab, i ægthed.

Når urørligheds-zonen svigter, når selvransagelsens
*metalogi* forsvinder bort fra "opmærksomhedens
habitus", mistes åndedrættes rytmiske skjulested og
fablens oprigtige løfte fordufter; helt indfanget.

I ledelsens poetik og dydernes magi, i den
væsentlige følsomhed og aktive tålmodighed
indtræffer den kontemplative evne til "at blive
fundet af sin egen tanke"; helt uden selvbedraget.

Vover filosoffen opgøret med den oprindelige
erfarings fantasme, kan en ny horisont for det
at tænke åbne sig … hvis væsen er
fornemmelsen for det mulige, modsat en
selvpinerisk tvang til noget.


Kirkeby

*Om betydning, s, 9, 1998*

# Tankernes gåder; at (s)vækkes af ord

I visionens spektrum, i vendepunktets anonymitet, i
øjeblikkets midte, i storsindets ansigt og værdighed,
i livsstilens sfære og genfødsel; på tærsklen til
livskraften og med levedygtighedens blufærdighed.

I ærefrygtens salighed og på retfærdighedens arena;
frigørelsens gave, berørt, befrugtet og lidenskabeligt
engageret i "livets lette strøm", ukrænkeligt
forvandlet i kærlighedens skikkelse, helt i harmoni.

I den gyldne velvilje, som omsorgsfuld visdom, i den
sjælelige storheds arbejdsklima, som
anstændighedens sindsro, i fribåren ægthed, som
flydende tilstand og kraftcentrum; skælver afklædt.

Blikkets berøring, sympatiens uendelige magt,
sårbarhedens livsvilje; et virkende helle, en
samdrægtighedens humane alvor og intense vished
– en ventende og salig hvilen – i *fri-mærkets* sug.

I den inderlige tjenestes terapi, i helhedens omsorg,
det stilfærdige fristed, i det glødende beskyttelses-
bælte – våger lindringen; årvågenhedens øje i den
muntre, indre fred – helt i samfundsfølelsens midte.

Hvor hjerternes nænsomhed blomstrer, hviler det
eviges sammensmeltning i det stilfærdiges
egensindighed; at befri og genskabe i det lykkelige
øjeblik, i forvandlingens atmosfære – i *mangefoldet*.

... hvis filosofien ikke skal rende halsende af sted som endnu en caddie bag efter videnskaben med dens golfkøller, så må filosofien påberåbe sig retten til sin egen erfaring og dermed til sin egen erkendelse.


Kirkeby

*Om betydning, s, 10, 1998*

# I det øjeblik, hvor det lader sig sige

Tankens tunge rytme og seismografiske vandringer,
en nomadisk resonans, en sagte skælven, dømt til
dans og klarsynets forbandelse; at jage sig selv i *den
ekkoløse nat*, som afskyens vraggods.

I tilstedeværets *Adyton*, hvor den strålende
beskyttelses længsel og nærhedens hjemsted er den
selvopretholdelses-gestus, der sker, indtræffer og
lyder som et evigt hviskende intet; i mundens hul.

Bevægelse, betydning, berøring; begivenhedens
besværgelser og fængslende sensibilitet i
tomgangens røst og forstummet blæst, den totale
ensomhed på berøvelsens membrans verdensbund.

I fortabelsens smerte, i dyresjælens besvær, i
havesygens Intet; i livets list – fra berøvelse til
berigelse – i anelsens galskab, hvor vækstens nære
tid sejrer i det gyldne centrum, i hengivenheden.

I frisættelsens forførelser og indsigternes stigende
fornemmelser for normative forankringspunkter,
træder selv-skabelsen i karakter, som en asketisk
hyrde; i kærtegnets dannelse og generøse gåde.

I nærværets kapacitet dvæler egentlighedens
frihedselskende stemmeføring; i begivenheds-
fornemmelsens brudflader og velviljens omsorg
indtræffer kreativiteternes begavelse og virke.

At føre læseren ved hånden kan da kun være,
at føre ham ud af det bedrag, at det at tænke,
er noget man gør med ord.

For at tænke, det er noget, som ordene gør
med den, der tænker.


Kirkeby

*Om betydning, s, 11, 1998*

# Svævende i den tyste trædemølle

At holde sig flydende i mellemrummets og magtens
gab, og forløse skarpsindets omtanke i en indre
tæthed, hvis "varmhjertet skødesløshed" undfanger
en "mental fysiognomi"; i den biografiske dramatik.

Den enestående "samhjertethed" smelter *den store
lattermager*, og drejer drejebogens selvkritiske og
besindige atmosfære gennem den farlige visdom;
gør den levende, empatisk og åben, i lydhør undren.

I mesterlærens kritiske imitation og modtagelige
kapacitets-katalog, i *askesis* som gidsel og bristet
drøm forbindes liv, ledelse og loyalitet på frihedens
linjer; i det skeendes virvars passager, på flugtlinjer.

Gennem erobringsstrategi og intelligent generøsitet
åbnes og formes en opdaget glød, en varsomhed,
hvis tekst og skel "fløjter sig frem" – ud i mørket,
som når duggen fordamper; i pinefuld sjældenhed.

Sjæleansigtets krumhed og støvets spejl, længslens
lille lyse plads; i lågens spejlvendte gitter og
nænsomhedens nøgenhed – i det stille sinds
samværsfølsomme dobbeltgængers træthed.

Det afklingede ekko i livsangstens længsel efter
befrielse, på sjælebundens lykke, i den sande
dødsundren – "at lade ordet være"; i det liv, der
leves i "en urørlig lige-glæde", *med ukendt kind*.

Den tredje ville her være den, der altid er til
stede dér, hvor en samtale forholder sig til en
form for normativitet.

Man måtte forestille sig, at den tredje lyttede
til det, der siges, også til pauserne, og at han
iagttog gestus.

Den tredje skulle således faktisk også kunne se
ind i hjerterne på de to, der taler sammen –
fordi de altid-allerede forholder sig til ham i
kraft af deres samvittighed.

Kirkeby

*Ledelsesfilosofi, s, 49, 1998*

# Den skrivende er skriftens ridser

I de fysiske og "fortællingsfri" håndspejle, hvor der
*tænkes på døden hvert øjeblik*, i livets retfærdighed,
i det immanente diagram, i den navnløse substans –
*akatonomaston*; i midten, i genfortryllelsens poetik.

Med 'verdensbrandens' euforiserende stoffer, i
genskabelsens salighed, barmhjertig, *tilgivet og
fuldkommen fri*, genfødes det leve(n)de liv i
skabelsesvælde; under himmelhvælvets triumf.

*Apokatastasis, skindapos*, en an-bølgende lyd, en
ned-stemning som fortyndes i den centripetale al-
gestus, i resonans af tomme tegn; i oplevelses-
maskinens refræn, i pausernes *aldrig*, helt båret.

Et gigantisk timeglas, der gør rummet lufttomt, med
nomadernes godhed og smilets "strålende mørke",
et kommas plamage, skælvende på betydningens
sted; i det faste centrum, i gavmildhedens omsorg.

Den ærligste uendeligt fortyndet i "et eneste intenst
øjeblik", i det sirligste rum, hvor taksigelsen synger i
hjælpsomhedens frimodighed, og hvor venskabets
sjælelighed forvandler; i en radikal askeses frelse.

I livsspillets økonomi, i sjælevandringens durkdrevne
malstrøm, tømt for tale, åbenlyst flydende og
overflødig, som "tankens kviksølv"; *at lade en tanke
ske ved os*, en spiralformet hvirvelvind, mørk energi.

Med livsgnistens plovfure i tankens mørke mærke,
med uhørt intensitet, smelter skændslens sjæle-
bytte altid og aldrig sammen med eksperimentet.

Den sande ethos er et immanent centrum
skabt af hænder holdt ind i et fælles greb om
hinanden fra et mørke, hvor ind i intet blik
rækker.


Kirkeby

*Organisationsfilosofi, s, 380, 2001*

# I dansenes hvirvlende klange

Den generøse *tåre i et lykkeligt øjeblik*, i vishedens
sejr, i det sidste øjeblik, hvor en venlighed, hvor et
kærlighedsbudskab, i et varsomt nærvær, opvågner
afsondret i en tømning; i det inderste kammer, sker.

At skabe en usynlig væg i nattens midte, som en tavs
koordinering, hvor spejlets altomfattende synlighed
forbinder hemmeligheden med mesterskabets
utilsigtede åbning; *hypokeimenons* tomme plamage.

Skriftens sluseport lader tanker sætte briser,
krystaller og tekster fri, som et eksilets spejl og
tilflugtssted, sindsforvirret, berørt, et perplekst
bedrag; nær håbets tanketruende livsfare.

Sensitivitetens befrielsespraksis og tanke-
maskinernes sneglespor; en øjeblikkets *følelses-
fysiognomi*, hvor skrøbelige mønstre mætter
sanselighedens membran, som en stemt bue.

Hudløshedens tilgivelse, tilgivelsens hudløshed; en
krumbøjet efterklang, hvor verbalerotikken svæver
frit, i kaskader af livsstemningernes ånderum, i en
nænsom bedøvelse, ømfindtligt kærtegnet, skånet.

En mild mani med tonernes karantæne, med
sprukne huller og melankolske passager, i vente-
positionernes *kulisselurende* smertelindringer;
plagiatets vildnis, et lille blus, forsoning, retræte.

*Ømhjertet*, en ynkelig vaccinations diskrete stor-
sind, livstidens fælde; en ædelmodig afgrund i hel-
lige zoners forførelse, i svimlende skygger, fortabt.

Filosofien er den disciplin, der jonglerer med
ordet, begrebet, følelsen og tanken, og den er
derfor den kunst, der kan standse deres
cirkulationsmani.

Filosofien kan fastholde en følelse på en tanke
og dermed gøre os til herrer i vort eget hus.


Kirkeby

*Menneske & leder, s, 148, 2007*

## Alt levende er et engangsforetagende

Mælet; en lille grå plet, der "æder sig selv", i ynk-
værdig værdighed, i sjæleroens navlebeskuelse, som
en "hemmelig henrettelse", hvis glødende støvfang,
totale bøn og nattesyn giver os *mørkets svale ocean*.

Et lyslevende skalkeskjul, en filosofisk fælde, hvor
den kyske nødværge i morgengryet kobler frygtens
balsam og de *villige linser* ind i "det blandede liv";
gigantisk mæt og mundlam – i *stilhedens ethos*.

På tærsklens *eventum* vågner bruddets brændpunkt
på pladsens midte, i understrømmens varighed, i
øjeblikkets unikke pause, passage, plamage, i den
meditative tænkemådes handlekraft; intim storhed.

Med haptisk mildhed og kontemplativ besindelses-
pause, med omvandrende betydningssans og
evaporerende, erotisk fristelse, kvæles "det
navnløse hængsel", i afmagt; *at have samme hjerte*.

Med plastiske konstellationer og vital emergens,
med nærkampens parader og begivenhedens modi,
i den transversale samklang, og med "den tomme
betegner", skvulper en genese; der sker i "mit liv".

*At danse på kanten af en mur*, i semantiske
afspejlinger på "bortfjernelsens vej", i kraftens
*kondescendens*, i "øjeblikket i øjeblikket"; ujævn og
ufattelig, i "en kosmisk plamage", som *sådanhed*.

En spirituel maskine i sin salige tomhed, "i den friske
natteluft", i en tøven, hvor en svævende gestik
omgiver "verdens hud" med sit rolige blik; i ophavet.

Den, der vil gå på vandet, må søge logi under
den åbne himmel.

I sine egne tanker.


Kirkeby

*Ordenes tid, s, 91, 1996*

# Afkaldets smerte i buens åndedræt

Sammenvævet, som ny hud, i ekspressiv eskatologi;
*livets angreb langs sidelinjen, en spurt langs
ydersiden*, i kraftlinjernes usynlige midte, i magtens
poetik og afmagtens sfære, i lydighedsnægtelsen.

På "vishedens silkevej" gøres tavlen tom, det store
håb, som lader noget overgå sig, som en generøs
mani, med en ægte attrå; *at holde det skeendes
plads åben – i det skeendes strøm*, i et endeløst hug.

I sjælefredens klangrum, i "denne immanente
*andenhed*", i begivenhedssansens *arkitektonik*, i
livsfølelsens tjørnekrat; "det blikstille hav", øjebliks-
begivenhedens betydningsintensive resonans.

*"Friheden findes kun dér, hvor ordene i den indre
dialog underkastes den resonans af betydning som
de absorberer fra det tredje jeg, når det spejler
dem."* (Kirkeby, Selvets sker, s. 443, 2008)

I livsmodets værens-vished, i "det tredje jegs
tilstedvær som resonans" opstår et dyb; *det tredje
jeg er tankens dyb, dens afgrund* – en vægtig
vending sker, som en stemt intensitets-plamage.

Åben i flanken, i taktil tomhed, i bristepunktets
bølgebevægelser, i *overflodsøkonomiske* og
*oplevelsesglubske* rydninger; i tanken uden
genstand, i livets lette strøm, i sindsroens *gaudium*.

Skænkende vækkes pausens optik i værens midte.

Og hvorfor ikke vedstå, at næst efter
litteraturen, er filosofien den bedste
undskyldning for at forholde sig reflekterende
til virkeligheden uden at tynges af en
dagsorden?


Kirkeby

*Sytten filosofiske fortællinger, s, 8, 2003*

## Betydningsplanets haptiske praksis

Selvets velfærd, skønhedserfaringens frie
organisering, godhedens ledelse, sandhedens
skrøbelighed og robuste generøsitet; en dæmonisk
følgesvend og etymologisk jordmoder, en sårheling.

Æterisk, skælvende flygtighed, at *bønhøre hinanden*
og sætte lyden fri; at lade døden og ondskaben,
løgnens fremmedgørelse og smerte,
samvittighedens velsignelse og udvandring, forløses.

I kyndighedens uafviselige selvpraksis, "når det
sketes cirkler folder sig ud", i misundelse, i venskab,
i et sygt væv, i kærlighedens hjertesprog; her *nynner
vi det, vi gør*, som en generøs, dannende livsform.

"At helbrede sit liv", med *sjælen som det gode livs
mulighed*, tænkes der i livslykkens plamager og
ytringsmod; her svares der ærligt i et
betydningsfællesskab, med et *begivenhedsblik*.

At befri den anden i kærlighed – "det terapeutiske
øjeblik" – i forpligtende fred og fortrolig fylde; *at
krydse sit spor*, hinsides bedrag, med en anmodning
om det sigendes vægt, i det alvorligt sagtes skrig.

At høre hjemme i livets betydningsspektrum i
øjebliksbegivenhedens bevægelsesrytmer, levende i
"det skeendes ontologi", som ringe i vandet; at gøre
sig værdig til indsigternes øjeblikke, alle sammen.

I øjeblikkets indsigt, i sig selv, i det frie hjertes glorie.

Ordene er som konfetti, der pustes bort af
stemmen, til det der vil siges står tilbage som
en renset overflade.


Kirkeby

*Selvet sker, s, 258, 2008*